Lass
meine

SONNE

Wunschlos glücklich sein,
nichts anderes ersehnen als dies:

Still dazusitzen unter blauem Himmel,
das Gesicht der Sonne zugewandt,
mit geschlossenen Augen,
Vogelgezwitscher in den Bäumen,
alle Poren weit geöffnet,
sich bis ins Innerste
von der Wärme durchdringen zu lassen,
passiv und doch so lebendig,
hingegeben an den Augenblick,
ganz und gar einverstanden mit dem Leben,

wunschlos glücklich sein,
nichts anderes mehr ersehnen als dies ...

Ute Latendorf

Lass meine Seele aufatmen

Gedanken, Anregungen und Gebete

herausgegeben von
Martin Schmeisser
Monika und Andreas Pfeffer

Eschbach

Mit Beiträgen von Rose Ausländer, Otto Betz, Helder Camara, Ernesto Cardenal, Wolfgang Dietrich, Bruno Dörig, Max Feigenwinter, Erich Fried, Mahatma Gandhi, Anselm Grün, Hubertus Halbfas, Abraham J. Heschel, Klaus Huber, Isolde Lachmann, Ute Latendorf, Kurt Marti, Antje Sabine Naegeli, Christa Peikert-Flaspöhler, Andreas Pfeffer, Karl-Heinz Ronecker, Kurt Rose, Anton Rotzetter, Heinrich Spaemann, Christa Spilling-Nöker, Pierre Stutz, Wilhelm Willms, Alfred Wolken, Lothar Zenetti u.a.

Bibliographische Information der Deutschen Bibliothek:
Die Deutsche Bibliothek verzeichnet diese Publikation in der Deutschen Nationalbibliographie; detaillierte bibliographische Daten sind im Internet über
http://dnb.ddb.de abrufbar.

ISBN 3-88671-538-8

Im Alten Rathaus / Hauptstr. 37
D-79427 Eschbach/ Markgräflerland

www.verlag-am-eschbach.de

Umschlagbild und Gestaltung: Ulli Wunsch, Wehr.
Satz: Schwabenverlag mediagmbh, Ostfildern-Ruit.
Druck: Süddeutsche Verlagsgesellschaft Ulm.
Verarbeitung: Großbuchbinderei Spinner, Ottersweier.

DU BIST MIR SEGEN

Er ist mir geschenkt
und hält mich am Leben,
im Rhythmus von Kommen und Gehen
hilft er mir, die Zeit zu bestehen.

Du bist mir verbunden,
gehst mit mir den Weg,
im Wechsel von Nähe und Weite
bist du mir in Treue zur Seite.

Er ist mir Kraft
und trägt mich durchs Leben,
im Gleichklang von Strömen und Fließen
lässt er mich die Tage genießen.

Du bist mir vertraut
gibst Halt meinen Schritten.
In der Spanne von Fülle und Not
bist du mir Segen und hältst mich im Lot.

Grit und Matthias Ball

Zu diesem Text passt eine Atemübung mit Atem kommen lassen, Atem gehen lassen und Atempause.

EINLEITENDE WORTE

„**D**ein Atem ist dein bester Freund. Kehre zu ihm zurück in allen deinen Schwierigkeiten, und du wirst Trost und Führung finden.“ Dieser Rat eines orientalischen Meditationsmeisters birgt eine tiefe Weisheit. Was im Osten seit Jahrtausenden bewusst ist, wird im Westen wiederentdeckt und von der modernen Medizin und Psychologie bestätigt: das Wissen um die Bedeutung des Atems für Leib und Seele.

Lass meine Seele aufatmen will in einem ganzheitlichen Sinn gelesen und verstanden werden. *Seele* steht für den Wesenskern des Menschen. *Atem* ist Leben, beständiges, strömendes Leben. „Atem ist das Element, das uns mit dem geistigen Kosmos verbindet. Er ist die Gabe des Himmels, der Geist, der in uns einströmt“ (Wladimir Lindenberg). Das ist eine Grundaussage vieler Kulturen und Religionen. Unser Leben verläuft jedoch zunehmend atemloser, ist von Hektik und Stress bestimmt. So wird es immer dringlicher, sich selbst Zeiten des Aufatmens zu gönnen.

Ausatmen – Atempause – Einatmen: Entlang dieser drei Phasen der Atembewegung bietet dieses „Pocket“ Gedanken und Impulse

- für das *Ende des Tages* als Zeit des Ausatmens, des Loslassens (Seite 15–32)
- für den *Sabbat-Sonntag* als Atempause, als Tag der „Wonne für die Seele und Freude für den Leib", um inne zu halten, auszuruhen, zu feiern (Seite 39–70)
- für den *Anfang des Tages* als Zeit des Einatmens, des Neubeginns (Seite 81–101).

Die drei Teile werden von einer *Kleinen Atemschule* umrahmt. Vier aufeinander bezogene Übungen wollen ein erstes Kennenlernen des „besten Freundes" vermitteln und die Ermutigung, sich diesem anzuvertrauen. Den praktischen Übungsschritten sind jeweils hinführende Überlegungen von *Otto Betz* vorangestellt.

- *Den eigenen Atem wahrnehmen* (Seite 9–14)
- *Das richtige Atmen* (Seite 33–38)
- *Das betende Atmen* (Seite 71–80)
- *Die Formel der inneren Verwandlung* (Seite 102–107).

Ein Wort aus dem Matthäus-Evangelium begleite Sie durch dieses Buch:

„Heran zu mir alle,
Ihr Mühenden und Überbürdeten:
Ich werde euch aufatmen lassen.

Mein Joch nehmt auf euch und lernt von mir.
Denn: Sanft bin ich und von Herzen niedrig,
und ihr werdet Aufatmen finden für euer Leben.
Mein Joch ist ja gut, und meine Bürde ist leicht."
(Mt 11,28–30, nach der Übertragung von Fridolin Stier)

Monika und Andreas Pfeffer
Martin Schmeisser

Kleine Atemschule

Den eigenen Atem wahrnehmen

Damit wir am Leben bleiben, bedürfen wir immerzu des Sauerstoffs, den wir mit dem Atem über Nase, Mund und Luftröhre in die beiden Lungenflügel führen. Wenn wir einatmen, senkt sich das Zwerchfell, und die Rippen bewegen sich nach außen, so dass die Lungenhöhle weit wird und der Atem einströmen kann. Steigt das Zwerchfell wieder nach oben, und verengen sich die Rippen, stoßen die Bronchien die Luft wieder aus. Bis dahin haben aber die Millionen von Bläschen in einem Netzwerk von winzigen Kapillaren den Sauerstoff ins Blut überführt und von der Blutbahn in den ganzen Körper transportiert. Umgekehrt wird die Kohlensäure, die nicht „gebraucht" wird, vom Blut wieder an die ausströmende Luft abgegeben.

Warum müssen wir atmen? Brennbare Stoffe, unsere Nahrung, können nur durch Sauerstoff verbrannt werden, deshalb muss dem Körper ununterbrochen Sauerstoff zugeführt werden. Besonders empfindlich ist das Gehirn, es braucht den Sauerstoff so dringend, dass bei einer Störung sofort Lebensgefahr besteht. Aber auch sonst hängt die Frische und Lebenskraft des Menschen stark mit der Atmung zusammen. Schwunglosigkeit, Spannungsarmut, schnelle Ermüdung sind Symptome, die sich schnell erkennen lassen und auf eine falsche Atmung hindeuten. Eine gesunde Atmung wirkt sich dahin aus, dass ein Mensch belastbarer ist, mehr Selbstvertrauen gewinnt und mit mehr Schwung seine Aufgaben anpackt.

Otto Betz

Vor jedem „richtig oder falsch", „gut oder schlecht" steht die Wahrnehmung dessen, was ist. Wahrnehmen heißt In-die-Wahrheit-nehmen, eine Realität annehmen, sich ihrer bewusst werden und sie anerkennen. Hier spricht sich vor dem Werten und Gestalten ein grundsätzliches „Ja" zu Wirklichkeit aus. Ist nicht jedes erstaunte „Aha, so ist das also!" ein Echo des uranfänglichen „Und siehe, es war sehr gut"? Liegt nicht auch darin das Faszinierende jeder Entdeckung?

In der ersten Übung der *Kleinen Atemschule* sind Sie eingeladen, Ihren Atem zu entdecken. Voraussetzung dafür ist lediglich, dass Sie äußerlich zur Ruhe kommen und die Bereitschaft mitbringen, von allem Abstand zu nehmen, was sie gerade umtreibt. Nehmen Sie sich ein paar Minuten Zeit ausschließlich für sich selbst.

Sie sitzen alleine im Büro oder Zuhause am Schreibtisch, vielleicht aber auch in einem Wartezimmer, oder auf einer Parkbank in der Sonne. Es ist hilfreich, jetzt eine Sitzhaltung einzunehmen, die den Atem unverstellt fließen lässt. Dazu braucht es keinen speziellen Meditationssitz. „Oben mehr nach vorne, hinten noch ein bisschen mehr durchgedrückt und hier unten doch bitteschön etwas entspannter." Wenn Sie auf diese Weise angestrengt versuchen, natürlich, aufrecht und frei zu sitzen, sind Sie auf dem besten Weg, das Ziel zu verfehlen. Legen Sie all das ab, und Sie sind der Kunst des Sitzens entscheidend näher gekommen. Denn diese hat wesentlich mit Abgeben zu tun: dem Abgeben der Arbeit, Haltung zu bewahren und das eigene Gewicht zu tragen – Entlastung, die aufatmen lässt. Die körperliche Schaltstelle dieser Entlastung ist das Sitzbein. Druck auf die beiden

Sitzbeinhöckern löst den sogenannten „Transportreflex“ (Gerda Alexander) aus, der unwillkürlich die innere Skelettmuskulatur zur Aufrichtung des Körpers aktiviert. Die willkürlich gesteuerte Bewegungsmuskulatur kann sich entspannen, das Gewicht wird an die Erde abgegeben. Ansonsten bleibt auch im Sitzen gültig, was für das ganze Leben gilt: den Blick nach vorne richten, Rückgrat zeigen und beide Füße auf dem Boden haben.

Stellen Sie die Füße im Abstand von ca. 20 cm parallel nebeneinander auf den Boden und richten Sie Ihren Oberkörper auf. Im Idealfall bilden nun Füße, Unterschenkel, Oberschenkel und Oberkörper jeweils in etwa einen rechten Winkel zueinander. Die Hände liegen flach auf den Oberschenkeln oder ruhen ineinander gelegt im Schoß. Sie fühlen sich von ihrer Sitzunterlage und dem Boden sicher getragen. Erspüren Sie Ihre Sitzbeinhöcker, indem sie im Lendenwirbelbereich leicht ins Hohlkreuz und dann wieder zurück gehen und dadurch Ihr Becken über zwei Druckpunkte rollt. Wenn Sie sich mehr und mehr angewöhnen, ihr Gewicht auf diesen beiden Knochen ruhen zu lassen, wird sich eine aufrechte und freie Sitzhaltung mit der Zeit von selbst und auf natürlichem Wege einstellen.

Genießen Sie in diesem Augenblick, nichts tun zu müssen. Einfach nur da sein und sich der Ur-Bewegung des Lebens überlassen, nichts lenken oder verändern, ausschließlich wahrnehmen – darin liegt die Kraft dieser Übung.

Spüren Sie, wie die Luft durch ihre Nasenlöcher ein- und ausströmt …

Wo können Sie Ihren Atem besonders gut spüren? Im Inneren der Nase oder im Rachenraum? Im Brustraum oder im Bauch-Beckenraum? An der Körpervorderseite oder im Rücken? …

Welche Körperpartien sind an der Atmung beteiligt? Wo können Sie eine Atembewegung feststellen? …

Fällt es Ihnen leicht zu atmen? Fließt der Atem? Oder nehmen Sie Widerstände wahr? Gibt es Körperstellen, „wo der Atem stockt“, wo er an Hindernisse stößt? …

Atmen Sie hastig oder ruhig? Fällt Ihnen das Einatmen oder das Ausatmen leichter? Welche Empfindungen und Gefühle verbinden sich mit jeder Atemphase? …

Welche Atemphase braucht mehr Zeit? Machen Sie eine Atempause, und wann machen Sie diese? …

Verweilen Sie schließlich eine Zeitlang bei der Wahrnehmung, wie die Luft durch die Nase strömt.

Der Atem ist die Quelle des Lebens. Wenn Sie den Alltag unterbrechen, um den eigenen Atem wahrzunehmen, dann ist das wie ein Gang zur Quelle: Sie werden erfrischt und gelassener allem Umtrieb gegenüber. Ihre Seele wird aufatmen.

Andreas Pfeffer

Ausatmen

Am Ende des Tages

Wenn der Abend kommt
und Stille sich über das Land senkt,
dann nimm dir Zeit für dich selbst:

Atme die Unruhe
des vergangenen Tages aus
und schicke deine Sorgen
und alles, was dir Angst macht,
empor zu den Sternen,
die dich vom Himmel her
mit leisem Glänzen grüßen.

Atme das Schweigen
der Bäume ein
und fülle dich
Atemzug um Atemzug
mit der Ruhe der Nacht,
bis deine Seele
Frieden gefunden hat.

Christa Spilling-Nöker

LOSLASSEN

Ich atme tief aus
und lasse los
tausend Stimmen habe ich heute gehört
ich weiß die Worte nicht mehr
und doch haben sie sich in meiner Seele festgesetzt

ich atme tief aus
und lasse die Stimmen verstummen

tausend Gedanken kommen und gehen
wohltuende und erschreckende
vergehen und halten mich fest
ich bin voll davon und erfüllt
gesättigt und erschöpft

ich atme tief aus
und lasse all die Gedanken verfliegen

tausend Worte habe ich gesprochen
nützliche und unnütze
Worte die streicheln
Worte die verletzen
heilsame Worte und Worte voller Unheil

ich atme tief aus
und lasse all die Worte fallen

ich atme tief aus
und lasse alles los was mich noch festhalten will
das Verkrampfte – das Gedrückte
das Enge – das Bittere
das Kleingläubige – das Lieblose

ich atme tief aus
und lasse dann all das in mich einströmen
was mir Frieden und Erleichterung schenkt
das Gute – das Schöne
das Gesunde – das Heile
das Göttliche – das Befreiende

ich lasse alles das einströmen
in meinen Körper
in meinen Geist
in meine Seele
befreiendes Leben
neue Hoffnung
Ruhe für die Nacht

VerfasserIn unbekannt

ZWISCHEN HIMMEL UND ERDE

Ich stehe
zwischen Himmel und Erde,
im Schnittpunkt
von Geburt und Tod,
wache auf, schlafe ein,
fange an, höre auf,
gebe weg, nehme an,
spreche mich aus
und schweige.

Ich bin allein,
suche Gesellschaft,
fühle mich schwach,
fühle mich stark.
Ich lache und weine,
atme aus und atme ein.

Ich gehe
mal trunken, mal nüchtern,
beschwingt und wie gelähmt,
wage und zaudere,
bete und fluche,
suche und finde.

Bruno Dörig

ABSCHIED NEHMEN

Das Loslassen
von unerfüllbaren Träumen
und das Freigeben von Menschen,
an denen dein Herz hängt,
ist wohl das Schwerste,
was es im Leben gibt.

Aber so, wie du nicht nur einatmen
und die Luft in dir behalten kannst,
sondern sie wieder ausatmen,
gleichsam freigeben musst,
um leben zu können,
so kannst du dich neuen Begegnungen
nur öffnen,
wenn du die Hoffnungen aufgeben kannst,
die sich verbraucht haben.

Denn alles hat seine Zeit:
einatmen und ausatmen,
halten und hergeben,
binden und lösen,
Abschied nehmen und neu beginnen.

Christa Spilling-Nöker

MEINEN ATMEN SPÜREN

Jetzt ganz ruhig werden,
meinen Atem wahrnehmen,
spüren, wie er fließt, wie er stockt.
Auf die Stimmen meines Körpers hören,
mit mir in Kontakt kommen.

Meine Gefühle zulassen,
darauf vertrauen,
dass ich mit ihnen leben,
mit ihnen Gutes tun kann.

Meine Gedanken zulassen,
darauf vertrauen,
dass ich sie ordnen kann,
dass sie mich weiterbringen.

Jetzt ganz ruhig werden,
mich ganz wahrnehmen,
mich ganz annehmen,
mich ganz ernstnehmen,
damit ich auf euch zugehen,
mit euch arbeiten und weiterschreiten kann.

Jetzt ganz ruhig werden,
mich an meine Grenzen vortasten,
allein und mit andern,

um so das zu werden,
was ich sein kann.

Jetzt ganz ruhig werden,
dankbar sein, dass ich bin,
dass ich mit andern unterwegs sein darf,
dass ich mit andern suchen darf,
dankbar sein in der Gewissheit:
Wir kommen weiter.
Wir stoßen zum Wesentlichen vor.

Max Feigenwinter

ABENDSTUNDE

Draußen im Abend
duftwehen die Wiesen.
Öffne die Fenster,
den Atem zieh ein!
Hast du dich schon einmal
glücklich gepriesen,
dass dir vergönnt ist,
lebendig zu sein?

Isolde Lachmann

LEICHTIGKEIT GEWINNEN

Wenn einer schwer arbeitet, sollte er abends seine Hände kühlen können in rinnendem Wasser, sorglos und lächelnd seine Müdigkeit vertreiben mit lockeren Gesten, und sollte, ehe er einschläft, noch Hunger haben auf Gespräche mit Freunden oder Frauen oder den unsichtbaren Bedrängern seines Herzens, den Träumen, den unausgesprochenen Worten. Er sollte seine Bitterkeit verlieren und Leichtigkeit gewinnen im Atem des Abends auf Veranden und im Dunkel verschwiegener Dielen. So könnte er verwinden den bitteren Satz auf dem Boden eines jeden Tages und seine Trauer verstreun leichtsegelnd wie die Schatten großer Schiffe in seinem Auge.

Karl-Alfred Wolken

AUFHEBUNG

Sein Unglück
ausatmen können

tief ausatmen
so daß man wieder
einatmen kann

Und vielleicht auch sein Unglück
sagen können
in Worten
in wirklichen Worten
die zusammenhängen
und Sinn haben
und die man selbst noch
verstehen kann
und die vielleicht sogar
irgendwer sonst versteht
oder verstehen könnte

Und weinen können

Das wäre schon
fast wieder
Glück

Erich Fried

WENIGSTENS NACHTS

Wenigstens nachts
lass
dein Herz ruhen …
Wenigstens nachts
hör auf zu rennen;
besänftige die Wünsche, die dich
verrückt machen;
versuch,
deine Träume schlafen zu lassen.
Gib dich preis,
Leib und Seele,
gib dich preis,
endgültig,
ohne Rückhalt,
in Gottes Hände!

Helder Camara

STILL WERDEN

Ich möchte stiller werden,
ruhiger atmen vor dir,
meinem Gott.

Doch ich kann die Augen
nicht schließen,
ich sehe soviel,
woran ich leide.

Laut liegt in meinen Ohren
die Flut der Worte,
die mir nur sagen,
was ich brauche,
nicht, was ich bin.

Ich möchte einfacher leben,
aber erfüllter,
ich möchte mir mehr Zeit nehmen,
Mensch zu sein.

Ich will Kopf,
Hand und Herz gebrauchen
in deiner Schöpfung
und in der Stille spüren,
dass du mein Halt bist.

Manfred Frigger

IN GOTT RUHE SUCHEN

In Gott allein hat meine Seele Ruh,
von Ihm kommt mir das Heil.

Mein Fels und mein Heil ist Er allein,
Er ist mein Schutz, so wanke ich nicht.

Wie lange berennt ihr noch einen Menschen,
   alle zusamt,
ihn zu stürzen, gleich einer Wand, welche sich neigt,
gleich einer sinkenden Mauer?

Sie wollen mich von meiner Höhe stoßen,
am Lügen haben sie ihre Lust.

Mit ihrem Munde sprechen sie Segen,
in ihrem Herzen Fluch.

In Gott allein, meine Seele, suche die Ruh,
denn was ich hoffe, kommt nur von Ihm.

Mein Fels und mein Heil ist Er allein,
Er ist mein Schutz, so wanke ich nicht.

Mein Heil ist und meine Ehre bei Gott;
meine Gotteszuflucht der Fels meiner Kraft.

So hoffe auf Ihn, o Volk, zu jeder Zeit.
Schütte dein Herz vor Ihm aus,

denn unsere Zuflucht ist Gott.

Ein bloßer Hauch sind die Menschenkinder,
die Söhne der Männer ein Trug.

Auf der Waage steigen sie hoch empor,
leichter als Hauch sie alle zusamt.

Verlaßt euch nicht auf Gewalt;
des Raubes rühmet euch nicht;
wenn eure Schätze wachsen, hängt euer Herz
nicht an sie.

Eines hat Gott gesprochen,
ein Zweites noch wurde mir kund:

„Gott ist die Macht zu eigen, und Dir, o Herr,
die Gnade;
Du vergiltst einem jeden nach seinem Werk."

Psalm 61 (62), übertragen von Romano Guardini

LICHT UND SCHATTEN

Lebendiger gott
wir danken dir
dass wir sehen
wie lebendig das leben ist

das leben
an dem wir ablesen können
wie lebendig du bist
du der du verborgen bist
hinter dem was du gemacht hast

wir danken dir
lebendiger gott
dass du in immer neuen verwandlungen
das leben immer neu erblühen lässt
auf unserer erde
die sich mit uns dreht
auf der wir uns dem licht entgegen drehen
auf der du uns für stunden
in den schatten stellst
zum ausruhen und schlafen
in der nacht

wir danken dir
lebendiger gott
für unsere träume
die uns mehr tragen
als alles was fest ist
und wieder zerfällt
wir danken dir für alle hoffnungen.

Wilhelm Willms

SEGEN ZUR NACHT

Zu deinem Segen werde uns, Gott:
der Mond über uns,
die Erde unter uns,
die Freunde und Freundinnen bei uns,
dein Abbild tief in uns,
die Ruhe vor uns.
Amen.

Gott bleibe bei uns mit deinem Segen.
Erleuchte uns,
errette uns,
erfülle uns.
Sei über uns,
sei neben uns,
sei unter uns.
Der Anfang, das Ende, die Ewigkeit.
Amen.

*Aus einer keltischen Abendliturgie
der Iona-Kommunität in Schottland*

MITTEN IN MIR

Ich schließe die Augen
und atme Ruhe,
ich schließe den Mund
und atme Schweigen,
ich schließe die Ohren
und atme Stille.
Ich horche nach innen
zur Mitte.
Ich hole mich ein.

Mitten in mir liegt,
was ich suche:
Freude an dem, was ich bin,
Mut zu dem, was ich könnte,
Gedanken an alles, was war,
ein Lächeln für heute,
Hoffnung für morgen.
Mitten in mir
lässt er sich finden:
Sinn für mein Leben.

Inge Müller, action 365

IM RHYTHMUS DES ATMENS

In meinem Herzen kreisen
alle Gedanken um Dich.
Anderes nicht spricht die Zunge
als meine Liebe zu Dir.

Wenn ich nach Osten mich wende,
strahlst Du im Osten mir auf.
Wenn ich nach Westen mich wende,
stehst vor Augen Du mir.

Wenn ich nach oben mich wende,
bist Du noch höher als dies.
Wenn ich nach unten mich wende,
bist Du das Überall hier.

Du bist, der allem den Ort gibt,
aber Du bist nicht sein Ort.
Du bist in allem das Ganze,
doch nicht vergänglich wie wir.

Du bist mein Herz, mein Gewissen,
bist mein Gedanke, mein Geist.
Du bist der Rhythmus des Atmens;
Du bist der Herzknoten mir.

Al-Halladsch, islamischer Mystiker (858–922)

DEN MORGEN AHNEN

Der Tod
geht umher
auf der Erde,
die Bäume tragen
sein nachtschwarzes Brandmal.
Er ist in die Wasser
gestiegen,
sein beißender Atem
zersetzt die Lüfte,
aber die Amseln singen,
diese Unwissenden. –

Wer sagt mir,
dass sie
himmelskundig
nicht einen Morgen
ahnen,
der jetzt schon
sich erhebt
an fernen Ufern?
Vielleicht
weiß ein Amselherz
mehr als ich.

Antje Sabine Naegeli

Kleine Atemschule

Das richtige Atmen

Die eingeatmete Luft gibt uns ein Gefühl der Leichtigkeit, wir fühlen uns getragen, beschwingt und gehoben. Sind wir in gedrückter Stimmung, dann lastet eine Bürde auf uns, wir fühlen uns „niedergedrückt", haben „schwer zu tragen", werden durch ein Engegefühl beunruhigt. Eine Zentnerlast scheint uns die Möglichkeit zu nehmen, „frei zu atmen", der Brustkorb hebt und senkt sich nicht mehr kraftvoll. Die Folge ist, dass unsere Stimmung weiter absinkt. Das vegetatitve Nervensystem und unser Gefühlshaushalt stehen in einem engen Zusammenhang. Heftige Gemütsbewegungen machen sich im Vegetativum bemerkbar, das wirkt sofort auf die Atmung, aber auch auf die Herztätigkeit.

Das Gefühl der Angst hängt wesentlich mit einem „Engegefühl" zusammen, die Brust wirkt wie zusammengeschnürt, Angst vor dem Ersticken kommt herauf. Angst verursacht aber nun selbst wieder eine Atemhemmung. Wem es bang ums Herz ist, der „erstickt vor Angst", es fährt ihm „eiskalt übers Herz", der Atem steht ihm still vor Schrecken.

Die Atmung ereignet sich als ein permanenter Rhythmus: Dem Einatmen folgt das Ausatmen, dem Aufnehmen das Hergeben, dem Weitmachen das Zusammenziehen. Wer richtig atmet, der überlässt sich dem großen Grundrhythmus des Daseins: Er muss sich öffnen, um aufnehmen zu können, und er muss wieder hergeben können. Der große Lebensatem wirkt sich in uns aus, wir werden immer „in Atem" gehalten. Schalten wir zu stark das reflektierende Ich ein, dann ist die Gefahr groß, dass wir uns verspannen und die Atmung immer unnatürlicher wird.

Viele Menschen atmen zu flach, vor allem dann, wenn das Zwerchfell zu wenig in die Atmung einbezogen wird. Eigentlich müsste das Atmen einfachhin „geschehen", ohne dass wir ihm Vorschriften machen; weil aber die jeweilige Atmung der charakteristische Ausdruck unseres Zustandes ist – und damit unserer Verspannungen –, deshalb kann sich in der Atmung auch Ichbefangenheit oder Verkrampfung zeigen, oder die seelische Not mag sich bemerkbar machen.

„Weh mir! Es sitzt mir in der Brust
Und drückt und nagt mich sehr.
Mein Leben ist mir keine Lust
Und keine Freude mehr.
Die Luft ist nicht mehr frei, nicht heil!
Mein Atem geht schwer ein;
Ich muß um mein bescheiden Teil
Mich martern und kastei'n."

So plastisch und genau beobachtend hat es *Matthias Claudius* (1740–1815) gesagt.

Otto Betz

Richtiges Atmen beginnt mit dem *Ausatmen*. Der Ausatem ist die Phase des Atems, in der meine Aktivität gefordert ist, und zwar paradoxerweise darin, dass ich mich von jedem eigenen Machen, Können und Wollen löse. „Beim gesunden Atem liegt im Zeitmaß der Akzent auf dem Ausatem, also auf dem Hergeben, aus dessen Vollendung der rechte Einatem von selbst hervorgeht" (Graf Dürckheim). Aktives Ausatmen bedeutet nicht, den Atem gewaltsam zu verlängern oder nach außen zu pressen, sondern ihn in der Entspannung geschehen und gehen zu lassen. Erlöste Menschen lassen los.

Nehmen Sie eine Sitzhaltung ein, die Sie zur Ruhe kommen lässt. Richten Sie Ihre ganze Aufmerksamkeit auf den Atem. Nehmen Sie Abstand von allem, was sie eben noch beschäftigt und bestimmt hat. Keine Sorge: wirklich Wichtiges kann nicht verloren gehen und wird Sie gewiss wieder einholen. Nehmen Sie wahr, wo und wie Sie ihren Atem spüren können. (Siehe S. 9–14)

Aufsteigende Gedanken und Gefühle, die Sie „besetzen" und in Ihrer Konzentration auf den Atem ablenken; Körperempfindungen, Verspannungen, Verhärtungen, die den Atemfluss blockieren: Es hat keinen Sinn, diese „Störungen" zu bekämpfen. Widerstände werden nicht überwunden, indem man sie bekämpft oder verdrängt, sondern indem sie in Ihr Leben – in Ihren Atem! – hineingenommen und verarbeitet werden.

Lassen Sie alles Widerständige zu Bewusstsein kommen und verbinden Sie es mit dem Atemfluss. Schicken Sie in Ihrer Vorstellung den Atem dorthin, wo sie Blockaden wahrnehmen. Was durchatmet wird, kommt in Bewegung und gibt nach. Starres lässt sich so in Energie und Leben verwandeln, Verbrauchtes, Überflüssiges und Belastendes mit dem Ausatmen verabschieden. Neue Atemräume eröffnen sich. Der Atem wird ganz von selbst ruhiger und tiefer.

„Das erste, was zu lernen ist, ist der Atem". Was seit mehr als 2500 Jahren als Buddha-Wort überliefert wird, gilt heute mehr denn je. In unseren Zonen ist die Gewohnheit des ständigen Brustatmens weitverbreitet. Dabei ist die Hoch- oder Brustatmung eigentlich die „zweite Stufe" der Atmung, die dazu da ist, bei besonderen Belastungen „zugeschaltet" zu werden. Verselbständigt und im Dauereinsatz ist sie nicht nur unnötig, sondern auch sehr einengend und anstrengend. Die meisten von uns atmen zu weit oben, flach, gepresst und hastig. „Es sitzt mir in der Brust" (Matthias Claudius). Wen wundert's? Wer von uns will nicht nach oben, hoch hinaus? Wer kennt nicht das Gefühl, ständig auf Hochtouren laufen zu müssen, um bestehen zu können? Wer leidet nicht an Kopflastigkeit, Überheblichkeit und Oberflächlichkeit, sei es an seiner eigenen oder an der seiner Mitmenschen? Wir sind ständig in der Gefahr „hoch zu gehen".

Wenn wir in Ruhe das richtige Atmen üben, tun wir quasi nichts anderes, als bewusst auf die natürliche Grundstufe der Atmung „herunter zu schalten“. „Das richtige und gesunde Naturatmen ist das Zwerchfellatmen. Das Zwerchfell ist ein glockenförmiger Muskel, der die Brusthöhle von der Bauchhöhle scheidet. Er senkt sich beim Einatmen und hebt sich beim Ausatmen wieder in die Ruhelage zurück. Es ist der eigentliche Atemmuskel“ (Klemens Tilman). *Die Tiefen- oder Zwerchfellatmung* erdet uns und führt uns in unsere eigene Mitte. Nur so kann man wirklich auf der Höhe sein.

Legen Sie Ihre Hände unterhalb des Nabels auf den Bauch. Das kann helfen, Ihre Leibesmitte zu spüren und den Atem dorthin fließen zu lassen. Verfolgen Sie achtsam, wie sich die Bauchdecke hebt und senkt. Verweilen Sie ein paar Minuten und solange es Ihnen gut tut bei dieser Tiefenatmung. Nehmen Sie wahr, wie der Atem Kopf, Herz und Bauch verbindet. Geist, Gemüt und Lebenslust leben auf und wirken ineinander. Die Seele atmet auf. Genießen Sie das Leben, das in die Tiefe geht und aus der Tiefe schöpft.

Andreas Pfeffer

Atempause

Sabbat-Sonntag

Der Sabbat entspringt
dem Schöpfungswerk –
ein großes Innehalten,
das sich an allem
Geschaffenen
freut.

Der Sabbat entspringt
dem Rettungswerk –
ein großes Durchatmen,
das mit allen
Geplagten
die Tage der Fron
hinter sich lässt.

Siehe, der Sabbat ist
ein befreiendes
Geschenk
aus zweierlei Gnaden.

Wolfgang Dietrich

SABBAT III

Heute ist
die Haut der Erde
zart

das Messer schläft
das Feuer schläft

Am Scheitel der Mutter
der Friedensengel
bewacht das Haus

Weißbrot und Wein
Gast
unser König

Wir singen
den siebenten Tag
wir rühmen
die Ruh

Rose Ausländer

EIN TAG FÜR SEELE UND LEIB

Der Sabbat ist ein *Tag für das Leben,*
Höhepunkt des Lebens, Ziel der Woche,
Ziel der Erschaffung von Himmel und Erde.
Drei Taten Gottes kennzeichnen den siebten Tag:
Er ruhte, Er segnete und Er heiligte
den siebten Tag (Gen 2,2f.)

Der Sabbat ist ein *Palast in der Zeit,*
den wir bauen.
Er besteht aus Einfühlsamkeit,
Ausdruck der Freude und Suchen nach Ruhe.

Der Sabbat ist ein *Fenster,*
das sich aus der Ewigkeit zur Zeit hin öffnet.

Der Sabbat ist die *Luft,* die wir atmen,
wenn wir ihn eine Wonne nennen (Jes 58,13):
Nenne den Sabbat eine Wonne für die Seele
und eine Freude für den Leib.
Er ist ein Tag für Seele und Leib.

Der Sabbat ist kein Kalendarium,
sondern eine *Atmosphäre*, ein anderes Klima.
Wir befinden uns im Sabbat,
nicht der Sabbat in uns.
Der Sabbat umgibt uns.

Am Sabbat wurden geschaffen:
Gelassenheit, Heiterkeit, Frieden und Ruhe.
Dem Schöpfungswerk fehlte „menucha“, die *Ruhe,*
Sie wurde als Vollendung des Schöpfungswerks
am siebten Tag geschaffen.

Am Sabbat beten wir:
„Umfange uns mit dem Zelt Deines Friedens.“
Glück, Stille, Harmonie, *Frieden*
bilden die Atmosphäre des Sabbats.

Der Sabbat ist ein Tag der Woche,
ausgesondert für die *Freiheit;*
ein Waffenstillstand im wirtschaftlichen Kampf
mit unseren Mitmenschen
und mit den Kräften der Natur.

Der Sabbat ist der *Tag des Lobpreisens,*
Ruhetag für Mensch und Tier,
echtes Glück der ganzen Welt.

Der Sabbat ist ein *Zeichen des Bundes,*
den Gott und Menschen miteinander
geschlossen haben.

Der Sabbat ist ein *Heiligtum,* das wir bauen,
ein Heiligtum in der Zeit.

Nach Abraham J. Heschel

ANHALTEN

Dann und wann
das Tempo verlangsamen,
anhalten,
in Ruhe wahrnehmen,
was um uns ist, was uns schützt,
bedroht, erfreut,
fordert, fördert,
uns neu einstellen und ausrichten.

Dann und wann
das Tempo verlangsamen,
anhalten,
sich hinsetzen und setzen lassen,
was sich in uns bewegt.
Unsere Strukturen wahrnehmen,
sehen, was und wie wir sind.

Dann und wann
das Tempo verlangsamen,
anhalten,
aus unserer Tiefe Bilder aufsteigen lassen,
dankbar sein und sehen,
was sie uns zeigen wollen,
wohin sie uns weisen.

Max Feigenwinter

RASTEN

Kostbare Zeit ist uns geschenkt,
um zu rasten,
aufzuatmen
und neue Kräfte zu sammeln.

Unser Blick gleitet zurück
zu Tiefen und Höhepunkten,
Mühen und Anerkennung
unseres Wirkens.

Der Freiraum, sich erholen zu dürfen,
führt heraus aus den Tälern
des Ermattens und Aufgebens
zurück in die Gärten
paradiesischer Ruhe.

Es liegt an uns,
das Angebot zu nutzen,
in diesem Schoß der Zeit zu ruhen.

Klaus Huber

AUF DIE STILLE HÖREN

Gönne dir eine Atempause für deine Seele
aus Verantwortung für eine
menschlichere Welt

Meditiere die Bäume
weil sie dir echtes Wachsen und
Reifen aufzeigen

Lege deine Talente
auf der Bank des Innehaltens an
als Widerstandskraft
für die einmalige Würde
jedes Menschen

Traue der Kraft deines Daseins
weil Gottes Name heißt:
Ich bin da!

Schweige und höre auf die Stille
um die Friedenskraft zu verstärken
auf der ganzen Welt

Pierre Stutz

ZEHN RATSCHLÄGE FÜR DEN SONNTAG

E*rstens:* Den Sonntag am Vorabend beginnen; denn da beginnt seine Heiligung durch Gott. Eine innere Bewegung – Sehnsucht, Liebe – soll uns in ihn hineintragen.

Für die Bibel fängt jeder Tag am Abend an: „Es ward Abend und es ward Morgen, ein Tag" (Gen 1,5; vgl. 1,8.13.19.23.31); das Tagwerk ist getan, nun folgt der beschauliche Teil. „Und Gott sah, dass es gut war" – so heißt es am Ende eines jeden Schöpfungstages. Das sind ur- und vorbildlich gemeinte Worte. *Jeder* Abend sollte so etwas wie eine „revision de vie" sein, ein *Sehen* von Zusammenhängen, das die Ruhe der Nacht einleitet und zugleich wieder Saat von oben in sie hineinsät, die, während wir schlafen, verborgen keimt und dem kommenden Tag die neue Fruchtbarkeit geben hilft.

Mit dem Anzünden der Sabbatkerzen bei Anbruch der Abenddämmerung und dem Segen über die Lichter heißt die jüdische Hausfrau den Sabbat willkommen. Wir sollten uns Ähnliches einfallen lassen. Denn die Schöpfung, deren Geburtstag und deren Urheber wir feiern, beginnt mit dem Wort: „Es werde Licht!" Und ihr Neuschöpfer, Christus, ist das „Licht der Welt". Höhepunkt des Sabbat-Vorabends ist bei den Juden die Abendmahlzeit, zu der möglichst auch Gäste eingeladen werden. Man wünscht einander „Gut Schabbat", die Eltern segnen die Kinder, und man singt „Schalom alechem …" (Friede sei mit euch). Dann nimmt man am festlich gedeckten Tisch Platz. Im Schein der Sabbatkerzen spricht der Hausvater den „Kiddusch", das Segensgebet über den Weinbecher und reicht ihn herum, danach den Segen über das Sabbatbrot, von dem jeder ein Stück isst. Nun wird ausgiebig zu Abend gegessen. Zwischen den einzelnen Gängen singt man Sabbatlieder. Die Mahlzeit wird mit Psalm 126 und dem Tischgebet beendet.

Zweitens: Ruhe am Sonntag so aus, als sei die ganze Arbeit getan! Laß auch jeden Gedanken an Arbeit ruhn! – Ein Jude ging durch seinen Weinberg, traf auf eine schadhafte Stelle der Umzäunung und überlegte lange, wie er sie ausbessern könne. Dann kam ihm zu Bewußtsein, dass so etwas gegen den Sabbat war. Um sich einen Denkzettel zu geben, beschloss er: An dieser Stelle werde ich den Zaun nie ausbessern. – Am Sonntag sollten wir nicht ohne Not an Gottes Welt herumbasteln, weder praktisch noch in unseren Überlegungen, sondern sie schauen und in ihr wandern, weilen, spielen; in Gottes Gedanken ist der Mensch ein spielendes Geschöpf.

Drittens: Der Sonntagsgottesdienst könnte uns als Einübung in den ganzen Tag als „heilige Sphäre" gelten. Was uns bewegt, sind Dank an Gott und gegenseitige Liebe.

Viertens: Sich die Welt und den Nächsten Geschenk sein lassen, es wieder neu realisieren, dass in der Schöpfungsordnung Gabe vor Aufgabe kommt und dass jede Aufgabe letztlich in Weitergabe besteht, nicht in Mehren und Festhalten von Eigenbesitz.

Fünftens: Dem Lobpreis, dem Singen, der Freude und der Bejahung allen Raum geben. Die Juden sagen: Es ist Sünde, am Sabbat traurig zu sein; und wenn man Traurige kennt, sollte man wenigstens *einem* Traurigen helfen, dass er froher werde.

Sechstens: Sabbatgeist ist Ja-Geist. Dem Glanz dieses Tages, damit er erfahren werde, entsprechen gewisse Enthaltungen. Nächst dem Verzicht auf unnötige Arbeit ist die wichtigste sabbatliche

Übung der radikale Verzicht auf Kritik, auf Feststellungen von Ungutem bei bestimmten Menschen oder in Zeitverhältnissen. Kritik mag werktäglich notwendig sein; dort, wo wir Verantwortung tragen, da die Welt noch im Argen liegt und veränderungsbedürftig ist. Am Sonntag sollten wir Kritik uns gegenseitig verbieten. Sonntag sollte uns die Augen dafür auftun, dass die Welt Gottes Schöpfung ist und Gottes Verheißung hat aufgrund der Auferstehung dessen, der für sie in den Tod ging. Das Ja, das Gott in Christus zu uns sagte, hielt allem Nein der Sünde stand und besiegte es. Sonntag ist für uns dazu da, dieses Ja mitzusagen und weiterzusagen, nur so dringt der Ja-Geist, der Heilige Geist, bei uns wirklich durch und in die Welt ein.

Siebtens: Lebens- und Liebesgemeinschaft verwirklichen! Im Alltag geht jeder vor allem seinem Geschäft nach, Verbundenheiten sind weitgehend zweckorientiert. Sonntag ist dazu da, sich wieder den ganzen Menschen angehen und nahegehen zu lassen, um ihm den ganzen Menschen entgegenzutragen. Sonntag ermöglicht gemeinsamen Tisch, Gastfreundschaft, Gespräch, Wanderung, Spiel: Freiheit, Ganzheit, Leibhaftigkeit.

Achtens: Aber jeder sollte auch Zeit für Einsamkeit finden, ohne sie verflacht jedes Wir am Ende zur bloßen Runde.

Neuntens: Häufung von Frömmigkeitsübungen als Regel oder Nötigung sind sabbatwidrig. Sabbat, das ist der ganze Mensch mit seinem vollen Eingehen in Schöpfung und Offenbarung, in Leibhaftigkeit, in Frieden, Freude und Dankbarkeit.

Zehntens: Was löscht den Sabbatgeist aus? Ein geistloses Sich-rekeln oder ein beliebiges Sich-füttern-Lassen mit den Angeboten der Unterhaltungsindustrie. Sabbat ist nicht dazu da, sich die Zeit zu vertreiben, sondern sie mit intensiverem und wahrerem Leben zu erfüllen, sich also zu sammeln und zu versammeln, nicht zu „zerstreuen".

Heinrich Spaemann

SONNTÄGLICHE GEDANKEN

Wer bereits zu Beginn des Sonntags
mit bangem Blick schon wieder
auf dessen Ende schielt,
wird den Sonntag
nicht ausgiebig genießen können.

Je mehr wir jede einzelne Stunde
eines Sonntags bewusst verkosten,
desto mehr Stunden
scheinen uns
vom Sonntag zu bleiben.

Die Freiheit,
sich am Sonntag
so kleiden zu dürfen,
wie es dem eigenen Bedürfnis entspricht,
erhebt das einfachste Gewand
zum Sonntagsgewand.

Wer am Sonntag nicht
auf die Rituale des Alltags
zu verzichten bereit ist,
entwertet den Sonntag
zum Alltag.

Ein Sonntag
mit viel freier Zeit
ohne Ausweichmöglichkeiten
erweist sich für viele als Testfall,
ob sie der Begegnung und dem Gespräch
mit anderen gewachsen sind.

„Sonntagskinder“
sind nicht nur jene,
die an einem Sonntag geboren sind,
sondern vor allem jene,
die sich die innere Ausstrahlung eines Sonntags
zeitlebens zu bewahren wussten.

Wer den Freiraum eines Sonntags
nicht sinnvoll auszufüllen vermag,
füllt ihn aus mit Beschäftigungen,
die zwar die Zeit vertreiben,
letztlich jedoch nicht erfüllen.

Ein Sonntagsgesicht
in den Alltag hinüberretten
heißt, den Alltag
mit dem Licht des Sonntags vergolden.

Klaus Huber

RUHETAG – FREUDENTAG

Gottes Ruhetag
nach dem Wunderwerk des Lichts,
nach Geburt von Meer und Land
und der Fülle der Geschöpfe –
Gottes Ruhetag.

Unser Ruhetag,
unsre Freiheit, offne Zeit,
Frieden über Feld und Stadt,
Singen, Segnen, Ruhn und Atmen –
Unser Ruhetag.

Auferstehungstag:
Gott hebt Jesus aus dem Tod,
seinen Christus, Sohn und Herr,
hebt uns alle in sein Leben –
Auferstehungstag.

Unser Freudentag,
Ruhetag und Tag des Herrn,
hier beginnt die Friedenszeit
für die Menschen, für die Erde –
unser Freudentag.

Kurt Rose

DANKEN UND PREISEN

Schön und köstlich ist es, dir zu danken,
dich mit Liedern zu preisen, du Höchster.

Des Morgens deine Gnade zu rühmen
und des Nachts deine Wahrheit

auf dem Psalter von zehn Saiten,
mit Spielen auf der Harfe.

Du machst mich fröhlich durch dein Walten,
und ich rühme, was du an mir tust.

Wie geheimnisreich ist dein Wirken,
wie tief sind deine Gedanken!

Wir sind alle zu töricht vor dir,
und wir Narren verstehen dich nicht.

Wie Gras grünen wir ohne dich,
wir blühen wie die Blumen,

unser Ende aber ist Dürre
und ewiger Tod.

Wer in dir lebt, grünt wie ein Palmbaum.
Er wächst wie eine Zeder auf dem Libanon.

Wenn wir vor dir stehen,
eingepflanzt in deine Gegenwart,

grünen wir wie die Bäume,
die vor deinem Tempel stehen.

Noch im Alter tragen wir Frucht,
bleiben kräftig und frisch.

Wir künden von deiner Güte
und deiner Verlässlichkeit.

Du bist der Grund, auf dem wir stehen,
du bist die Erde, in der wir wurzeln.

Schön und köstlich ist es,
dir zu danken,
mein Gott!

Psalm 92, übertragen von Jörg Zink

ALLER ATEM PREISE OH IHN!

Preiset oh Ihn!
Preiset Gott in seinem Heiligtum,
preiset ihn am Gewölb seiner Macht!

Preiset ihn in seinen Gewalten,
preiset ihn nach der Fülle seiner Größe!

Preiset ihn mit Posaunenstoß,
preiset ihn mit Laute und Leier!

Preiset ihn mit Pauke und Reigen,
preiset ihn mit Saitenklang und Schalmei!

Preiset ihn mit Zimbelnschall,
preiset ihn mit Zimbelngeschmetter!
Aller Atem preise oh Ihn!

Preiset oh Ihn!

Psalm 150, verdeutscht von Martin Buber

DAS WELTALL IST SEIN HEILGTUM

Lobet den Herrn des Kosmos,
das Weltall ist sein Heiligtum
mit einem Radius von hunderttausend
Millionen Lichtjahren.

Lobt ihn
den Herrn der Sterne
und der interstellaren Räume.

Lobt ihn
den Herrn der Milchstraßen
und der Räume zwischen den Milchstraßen.

Lobt ihn
den Herrn der Atome
und der Vakuen zwischen den Atomen.

Lobt ihn
mit Geigen, mit Flöten
und Saxophon.

Lobt ihn
mit Klarinetten und Englisch Horn,
mit Waldhörnern und Posaunen,
mit Flügelhörnern und Trompeten.

Lobt ihn
  mit Bratschen und Violoncelli,
  mit Klavieren und Pianolen.

Lobt ihn
  mit Blues und Jazz
  und Sinfonieorchestern,
  mit den Spirituals der Neger
  und der Fünften von Beethoven,
  mit Gitarren und Xylophonen.

Lobt ihn
  mit Plattenspielern und Tonbändern.

Alles, was atmet,
  lobe den Herrn,
  jede lebendige Zelle.
Halleluja!

Ernesto Cardenal, nach Psalm 150

TANZEN UND SINGEN

Wie gut tut es, Gott, dir zu danken,
dir zu tanzen und zu singen.
Mit Flöte und Lyra freuen wir uns an dir.
Dein Gesetz hilft uns Freiheit gestalten,
gibt Raum und Rhythmus fürs Leben.

Es ist das letzte Geschenk
deines Schöpfungswerkes,
das mich so froh macht:
der Sabbat, der Sonntag.

Schwer nur finde ich selbst zur Ruhe,
du mußt sie mir gebieten.
Ruhe von der Arbeit,
von den Erwartungen an mich
unterbricht das Gleichmaß des Alltags.
Was ich am nötigsten brauche –
es fällt mir schwer anzunehmen.
Im Gebot machst du das Geschenk der Ruhe
verbindlich für die ganze Schöpfung;
für Tochter und Sohn,
für Magd und Knecht,
für Ochs und Esel,
für Gast und Fremdling,
für mich.

Im Freiraum der Ruhe, der Zeit
kann ich einkehren bei mir selbst,
von den Rändern des Lebens zur Mitte finden,
bei dir zu Hause sein.

Zurücklassen, was vergeblich ist
oder drückend wie die Knechtschaft Ägyptens.
Mit starker Hand befreist du mich
vom Ausgeliefertsein an Leistung und Erfolg,
vom Zwang zu funktionieren.

So kann ich innehalten von aller Arbeit
und Mühseligkeit,
mich am Schöpfer und am Geschaffenen freuen,
ausatmen, aufatmen.

Sabbat und Sonntag –
statt Terminen heute Stunden,
statt Arbeit heute Tanz,
statt Hast heute Zeit,
statt Lärm heute Ruhe,
statt Zweck heute Sinn,
statt verdienen heute beschenkt werden.

Tanz – Ruhe – Sinn.
Die Feier breitet sich fröhlich aus,
steckt an, weckt Verheißung aus der Erinnerung,
läßt Freiheit ahnen und Fülle.

Danke, Gott, dir danken zu können
für den Strahl Ewigkeit,
den du in die Zeit hineinleuchten lässt.

Elisabeth Schmitter/Stefanie Wahle-Hohloch

DER BETENDE GAUKLER

Es war einmal ein Gaukler, der tanzend und springend von Ort zu Ort zog, bis er des unsteten Lebens müde war. Da gab er alle seine Habe hin und trat in das Kloster zu Clairvaux ein. Aber weil er sein Leben bis dahin mit Springen, Tanzen und Radschlagen zugebracht hatte, war ihm das Leben der Mönche fremd, und er wusste weder ein Gebet zu sprechen noch einen Psalter zu singen.

So ging er stumm umher, und wenn er sah, wie jedermann des Gebetes kundig schien, aus frommen Büchern las und mit im Chor die Messe sang, stand er beschämt dabei: Ach, er allein, er konnte nichts. „Was tu ich hier?" sprach er zu sich, „ich weiß nicht zu beten und kann mein Wort nicht machen. Ich bin hier unnütz und der Kutte nicht wert, in die man mich kleidete."

In seinem Gram flüchtete er eines Tages, als die Glocke zum Chorgebet rief, in eine abgelegene Kapelle. Wenn ich schon nicht mitbeten kann im Konvent der Mönche", sagte er vor sich hin, „so will ich doch tun, was ich kann."

Rasch streifte er das Mönchsgewand ab und stand da in seinem bunten Röckchen, in dem er als Gaukler umhergezogen war. Und während vom hohen Chor die Psalmgesänge herüberwehen, beginnt er mit Leib und Seele zu tanzen, vor- und rückwärts, links herum und rechts herum. Mal geht er auf seinen Händen durch die Kapelle, mal überschlägt er sich in der Luft und springt die kühnsten Tänze, um Gott zu loben. Wie lange auch das Chorgebet der Mönche dauert, er tanzt ununterbrochen, bis es ihm den Atem verschlägt und die Glieder ihren Dienst versagen.

Ein Mönch war ihm aber gefolgt und hatte durch ein Fenster seine Tanzsprünge mit angesehen und heimlich den Abt geholt. Am anderen Tag ließ dieser den Bruder zu sich rufen. Der Arme erschrak zutiefst und glaubte, er solle des verpassten Gebetes wegen gestraft werden. Also fiel er vor dem Abt nieder und sprach: „Ich weiß, Herr, dass hier meines Bleibens nicht ist. So will ich aus freien Stücken ausziehen und in Geduld die Unrast der Straße wieder ertragen."

Doch der Abt neigte sich vor ihm, küsste ihn und bat ihn, für ihn und alle Mönche bei Gott einzustehen: „In deinem Tanze hast du Gott mit Leib und Seele geehrt. Uns aber möge er alle wohlfeilen Worte verzeihen, die über die Lippen kommen, ohne dass unser Herz sie sendet.

Einer französischen Legende nacherzählt
von Hubertus Halbfas

Auf tausend Wegen
werden wir geführt,
getrieben,
geschleppt
und gegängelt,
dass wir einmal die Kraft haben,
in deinem Atem
zu tanzen.

Gottfried Bachl

SEGEN ÜBER BROT UND WEIN

Gott
Wir danken Dir
für den Weg
den wir gemeinsam gehen
für alle Erfahrungen
die uns zusammenhalten
für das Wort, das trägt
Mut macht und tröstet
für die offenen Augen und Ohren
für die Herzen, die sich öffnen
und die Hände, die sich geben

Wir danken Dir
für den Tisch
um den wir versammelt sind
für Brot und Wein
die darauf liegen
für diese köstlichen Gaben der Schöpfung
für alles, was uns am Leben erhält

Wir verbinden uns
mit allen Menschen auf der weiten Welt
mit jedem Tier auf dieser Erde
mit dem Fisch im Wasser
und dem Vogel in der Luft

mit jeder Blume, die blüht
und jedem Samen, der keimt
mit jedem Stein und jedem Berg
mit allem, was du geschaffen hast

Gott
Vater, von dem alles Leben kommt
Mutter, die alles umfängt und trägt
Segne das Brot
Sieh es an mit den Augen der Liebe
– und es verbindet
Leg Deine gütige Hand darauf
– und es schmeckt
Hauch es an mit Deinem Atem
– und es macht lebendig
Durchdring es mit Deiner Kraft
– und es nährt den Leib, die Seele, den Geist
Erfüll es mit Deiner befreienden Gegenwart
– und wir sind Deine Söhne und Töchter
Schwestern und Brüder

Segne diesen Wein
Sieh ihn an mit den Augen der Liebe
– und er macht selig
Lege Deine gütige Hand darauf
– und er mundet
Hauch ihn an mit deinem Atem

– und er rauscht in unseren Adern
Durchdring ihn mit Deiner Kraft
– und er beschwingt den Leib, die Seele, den Geist
Erfüll ihn mit Deiner befreienden Gegenwart
– und wir sind frei und froh
verbunden, vermählt
Dein Liebesbund auf Erden

Anton Rotzetter

LASS UNS AUFATMEN

Gott
Du Leben
über uns
unter uns
in uns

Lass uns
Dich empfangen
Dich spüren
Dich miteinander teilen

Lass uns
aufatmen
auftanken

mit ganzem Leib
mit ganzer Seele
mit allem
was wir sind und haben

Anton Rotzetter

FRIEDE, NIMM MEINE HAND

Friede,
nimm meine Hand;
kreise in jeder Zelle,
jeder,
mit dem Brot,
das dich speist.
Lass dich weiterreichen
von Hand zu Hand.
Amen.

Friede,
nimm meinen Mund;
keime in jedem Wort,
jedem,
mit dem Wort,
das dich schuf.
Lass dich weitersagen
von Mund zu Mund.
Amen.

Friede,
nimm meinen Fuß;
lebe in jedem Schritt,
jedem,
mit dem Ziel,
das dich ruft.
Lass dich weitergehen
von Weg zu Weg.
Amen.

Friede,
nimm auch mein Herz;
atme in jedem Schlag,
jedem,
mit dem Geist,
der uns liebt.
Lass dich weiterlieben
von Mensch zu Mensch.
Amen.

Christa Peikert-Flaspöhler

SEGEN

Der Herr segne dich.
Er erfülle deine Füße mit Tanz
und deine Arme mit Kraft.
Er erfülle dein Herz mit Zärtlichkeit
und deine Augen mit Lachen.
Er erfülle deine Ohren mit Musik
und deine Nase mit Wohlgerüchen.
Er erfülle deinen Mund mit Jubel
und dein Herz mit Freude.
Er schenke dir immer neu
die Gnade der Wüste:
Stille, frisches Wasser
und neue Hoffnung.
Er gebe uns allen immer neu die Kraft,
der Hoffnung ein Gesicht zu geben.
Es segne dich der Herr.

Aus Afrika

Kleine Atemschule

Das betende Atmen

Weil der Atem auch das spirituelle Element unserer Person ist, deshalb bedürfen wir Menschen der „Inspiration“: Der Geisthauch ist nicht unser Eigentum, er wird uns vielmehr eingeblasen, geschenkt, verliehen, eingesenkt. Der Atem erinnert uns daran, dass wir nicht nur aus schwerfälliger Materie bestehen, sondern dass wir auch von der Hauchseele durchweht werden. Leben bedeutet, in einem dauernden Austausch zu stehen. Werden wir durchweht, dann verlieren wir etwas von unserer Schwerfälligkeit und Trägheit. Immer ist die Verwandtschaft zwischen dem Wind, dem Atem und dem Geisthauch wahrgenommen worden. *Martin Luther* geht diesem Gedanken so nach: „Du lebst alle Augenblicke im Wind, und wenn du den nicht hättest, so könntest du nicht leben. Den hörst du und fühlst sein Sausen an der Hand, Nasen und am ganzen Leibe, besonders, wenn er dir den Rock und Mantel über den Kopf weht. Ja, alles, was in der Welt ist, das fühlt den Wind, Laub und Gras, Holz und Stein, die hohen Türme und Häuser, ja alle Tiere auf Erden fühlen den Wind. Und dennoch kannst du mir nicht sagen, aus welchem Loche er her kommt, wenn er auch gleich eine Spanne breit hinter dir anfinge, und du kannst nicht sagen, wie weit er geht und wo er aufhört, wenn er dir gleich vor deiner Nase bliebe."

Und weil in der Genesis berichtet wird, dass Gott den Lebensatem in die Nase Adams geblasen habe (Gen 2,7), deshalb hat man dem Atemhauch eine besondere Bedeutung beigemessen – auch im Hinblick auf die Verbindung des Menschen zu Gott. Der erste Atemzug eines Kindes ermöglicht das eigenständige Leben, der letzte Atemhauch macht deutlich, dass ein Mensch sein Leben „aushaucht", wobei wir sagen: „er gibt seinen Geist auf". – Jesus haucht seinen Jüngern Heiligen Geist ein (Joh 20,20), sie sollen – gleichsam in ihrem Atem – auch den großen Beistand und Lebensspender in sich tragen.

Von *Mechthild von Magdeburg* wird das Wort überliefert: „Herr, himmlischer Vater, zwischen Dir und mir weht immerfort ein unbegreifliches Atmen, worin ich viele Wunder und unaussprechliche Dinge erkenne und sehe." Sie konnte im Rhythmus ihres Atems ihre ununterbrochene Verbundenheit mit Gott erleben und darin ausdrücken. Der *Russische Pilger* überliefert die Gebetsanweisung: „Beginne das ganze Jesusgebet zugleich mit dem Atem ins Herz hinein und wieder heraus zu führen, wie es die Väter lehren, das heißt, sage, wenn du die Luft einatmest, oder denke dir: ‚Herr Jesus Christus', lässt du sie aber entweichen – ‚erbarme dich meiner'.

Otto Betz

Das Herzens- oder Jesusgebet der Ostkirche

Immer mehr Menschen entdecken heute für sich das *Herzens- oder Jesusgebet der Ostkirche;* vielleicht weil es so schlicht ist, dass es immer und überall praktiziert werden kann und dadurch den notorischen Zeit- und Leistungsdruck zu durchbrechen vermag; vielleicht weil es in seinen wenigen Worten das gesamte Evangelium zusammenfasst und damit der Inflation des religiösen Wortes entgegenwirkt; vielleicht weil diese Gebetsform – die unablässige Wiederholung eines heiligen Namens oder Spruches (Mantra) – sich in allen Weltreligionen finden lässt und wenigstens auf diese Weise der betende Mensch in eine große Ökumene hineingenommen wird; sicher aber auch, weil es wie kein anderes Gebet an den Gang und Rhythmus des Atems gebunden ist und darin dem Bedürfnis nach einem Beten mit Leib und Seele entgegenkommt. Das Gebet

„Herr Jesus Christus,
erbarme dich meiner“

ist so einfach und so unmittelbar wie der Atem. Wer sich von ihm anrühren lässt, dem wird die spirituelle Dimension des Atems erfahrbar.

Die folgenden Anregungen des Münsterschwarzacher Benediktiners *Anselm Grün* wollen am Beispiel des Jesusgebetes einen Zugang zum betenden Atmen eröffnen. Gedanken der „Großen Seele“ Indiens – *Mahatma Gandhi* – lassen etwas von der Weite des Herzensgebetes erahnen.

Andreas Pfeffer

Der Grundton des Jesusgebetes ist nicht die flehentliche Bitte, dass Christus sich meiner erbarmen möge, weil ich ja so schlecht bin. Es ist vielmehr ein optimistischer und vertrauensvoller Grundton. Einmal bekenne ich im Namen Jesu das Geheimnis der Inkarnation. Und zum andern drücke ich in dem Ruf „Erbarme dich meiner" meine persönliche Beziehung zu Jesus Christus aus. [...] Wir bitten also im Jesusgebet Gott um seine Liebe und drücken zugleich unsere Liebe und Sehnsucht nach Gott darin aus. Es ist daher ein sehr intimes Gebet, ein zärtlicher Ruf nach dem, der mich liebt, und Ausdruck der Gewissheit, dass in Jesus Christus Gottes Liebe selbst in meinem Herzen ausgegossen ist.

Anselm Grün

Jeder muss sich den Mantra aussuchen, der seinem Herzen gemäß ist. Ich habe das Wort „Rāma" vorgeschlagen, denn ich bin als Kind damit aufgewachsen, und es ist mir immer Kraft und Beistand gewesen. Welchen Mantra auch immer man sich aussucht, man sollte sich damit identifizieren, während man ihn hersagt. Ich habe nicht den geringsten Zweifel, dass schließlich die Wiederholung eines solchen Mantra im festen Glauben zum Erfolg führen wird, auch wenn andere Gedanken den Geist ablenken. Der Mantra wird zum Licht des Lebens und wird vor aller Not bewahren.

Mahatma Gandhi

Einatmen: „Herr Jesus Christus …"

Das Jesusgebet atmet das Vertrauen, dass dieser Jesus Christus in mir ist. Er ist nicht der, der in ferner Vergangenheit gelebt hat, sondern er ist in mir. Die Mönche geben den Rat, beim Einatmen den Atem in das Herz strömen zu lassen und im Atem Christus selbst im Herzen zu spüren. Christus ist in mir. In der Wärme, die der Atem im Herzen erzeugt, kann ich seine liebende und barmherzige Gegenwart erahnen.

Das Spüren des Atems im Herzen entlastet den Kopf, der sich normalerweise beim Gebet immer wieder störend meldet und uns mit immer neuen Gedanken in Unruhe versetzt. Im Herzen, das vom Atem warm wird, können wir in Jesus Christus zur Ruhe kommen. […] So wie der Liebende den Geliebten in seinem Herzen spürt und anders seinen Alltag lebt, so erzeugt das Jesusgebet in uns eine

Atmosphäre von Liebe, von Erbarmen, von Wohlwollen, in der es sich gut leben lässt. Der Raum, in dem wir leben, ist kein kalter und einsamer Raum, sondern ein von Jesus Christus bewohnter Raum, ein Raum, der von seiner liebenden und heilenden Gegenwart erfüllt ist und seine zärtliche Intimität atmet.

Die Begegnung mit Jesus Christus im persönlichen Gebet wirkt nach und prägt auch mein Arbeiten. Und das Jesusgebet erinnert mich ständig an diese Begegnung im Gebet und ruft sie immer wieder wach. Und so wird mein ganzes Leben zu einem Leben aus der Begegnung. In allem, was ich tue und denke, bin ich auf Jesus Christus bezogen, ich bin gebunden, daheim. Aus und in der Beziehung leben macht unsere Existenz erst wertvoll. Heute leben immer mehr Menschen beziehungslos. Und so zerfällt ihr Leben, sie leben an ihrem wahren Ich vorbei. Nur in der Beziehung zu einem anderen lebe ich auch mein eigenes Selbst, nur in der Beziehung bin ich auch in Berührung mit meinem wahren Kern.

Anselm Grün

Gebet ist nicht einfach eine Übung des Sprechens oder Hörens, es bedeutet auch nicht, dass man leere Formeln wiederholt. Auch eine noch so häufige Wiederholung von „Rãma-Nãma“ ist nutzlos, wenn sie nicht die Seele in Bewegung bringt. Beim Beten ist es besser, ein Herz ohne Worte zu haben als Worte, die nicht von Herzen kommen. Es soll eine klare Antwort sein auf den Hunger des Geistes. Und so, wie sich ein Hungriger eine kräftige Mahlzeit wohlschmecken lässt, so wird sich eine hungrige Seele ein Gebet schmecken lassen, das von Herzen kommt.

Mahatma Gandhi

Ausatmen: „…erbarme dich meiner“

Beim Ausatmen sollen wir in unserem Atem Jesus Christus selbst den ganzen Leib durchdringen lassen. Der Ausatem strömt nach unten, in den Beckenraum. Wir lassen den barmherzigen Geist Jesus in alle unsere Gefühle dringen, die in den inneren Organen ihren Sitz haben, in Ärger und Enttäuschung, Wut und Bitterkeit, und in unsere Triebe, die für die Griechen im begehrlichen Teil des Menschen, im Unterleib, angesiedelt sind.

Wenn Christi Geist überall hinströmt, dann können wir uns mit allem, was in uns ist, aussöhnen. So kann uns das Jesusgebet immer mehr mit Barmherzigkeit und Güte zu uns selbst und zu allen Menschen erfüllen.

Anselm Grün

Wenn du den Namen Ramas wiederholst, sobald du am Morgen aufstehst und bevor du am Abend zu Bett gehst, dann wird dein Tag gut verlaufen, und die Nacht wird vorbeigehen ohne schlechte Träume.

Mahatma Gandhi

Atempause

Nach dem Ausatmen ist ein kleiner Augenblick, in dem nichts geschieht, in dem wir weder ausatmen noch einatmen. Dieser Augenblick ist für die Lehrer der Meditation entscheidend. Da zeigt es sich, ob ich mich wirklich loslasse und Gott übergebe oder ob ich an mir festhalte. Wenn ich diesen Augenblick nicht aushalte, sondern sofort selber den Atem einziehen will, dann lasse ich mich eben nicht in Gott hinein los. Dieser kostbare Augenblick des reinen Schweigens und reinen Nichtstuns ist der Ort, wo wir uns in die barmherzigen Arme Gottes fallen lassen und darin den Geschenkcharakter der ganzen Existenz erahnen. Das Wort, so sagt Isaak von Ninive, führt zum wortlosen Geheimnis Gottes. Wir haben unseren Atem an das Wort gebunden, um nicht zerstreut zu werden, aber in diesem Zwischenraum von Aus- und Einatmen lassen wir auch das Wort los. Wir lassen uns von ihm hineinführen in den Raum, der allein von Gott erfüllt ist.

Anselm Grün

Echtes Gebet, das von Herzen kommt, hat immer echte Arbeit zur Folge. Und am Ende wird die Arbeit zum Gebet.

Mahatma Gandhi

Einatmen

Am Beginn des Tages

Morgenluft!
Morgenduft!
Über alles hingebreitet!
Fern ein Segel traumhaft gleitet …
Morgenluft!
Morgenhauch!
O erfülle meine Seele!
Horch, die kleine Vogelkehle
Mir zu Häupten preist dich auch!

Christian Morgenstern

SINGEN

Singen
den Freudensang
eines Traumes
den Trauersang
unserer Zeit

Das Helle
du bist
ein Fünkchen Licht
das Finstre
Gedröhn und Gerassel
der Maschinen

Wir
müssen wach sein
unsre Stimme
wach halten
um
singen zu können
ein
ruhiger
atmender Morgen

Rose Ausländer

ATEM DES NEUEN TAGES

Wir rufen die Erde,
die in der Maisähre erscheint.
Sie hat während der Nacht geschlafen und geruht.
Wir bitten sie, aufzuwachen,
sich zu bewegen, sich zu erheben,
denn im Osten sieht man die Zeichen
der Morgendämmerung
und der Atem des neuen Lebens ist hier.

Mutter Erde ist die erste,
die gerufen wird, aufzuwachen
und den Atem des neuen Tages zu empfangen.
Mutter Erde hört den Ruf;
sie bewegt sich, sie erwacht, sie erhebt sich,
sie fühlt den Atem
der neugeborenen Morgendämmerung.
Die Blätter und Gräser rühren sich,
alle Dinge bewegen sich mit dem Hauch
des neuen Tages.
Überall wird das Leben neu.

Morgenlied der Kurabus, Pawnee, indianisch

ICH ATME, ATME

Nachts war Regen gefallen, und nun wandern Wolken über den Himmel – ab und zu sprüht Nässe herab. Ich stehe unter einem Apfelbaum, der zu verblühen beginnt, und atme.

Nicht allein der Apfelbaum, sondern auch die Gräser ringsumher haben die Feuchtigkeit des Regens aufgesogen – kein Name lässt sich finden für jenen süßen Duft, der die Luft erfüllt. Ich sauge ihn ein mit der vollen Kraft meiner Lunge, meine ganze Brust spürt den Wohlgeruch. Ich atme, atme – einmal mit offenen Augen, dann wieder mit geschlossenen Augen. Ich weiß nicht zu sagen was schöner ist.

Dies ist wohl jene einzigartige, allerkostbarste Freiheit, deren uns das Gefängnis beraubt: so zu atmen, hier zu atmen. Keine Speise dieser Erde, kein Wein, ja nicht einmal der Kuss einer Frau erscheint mir süßer als diese Luft – diese Luft, gesättigt von Blühen, Feuchtigkeit, Frische.

Ist es auch nur ein winziges Gärtchen, eingezwängt zwischen Käfigen fünfstöckiger Häuser.

Das Knattern der Motorräder, das Geheul der Plattenspieler, das Getrommel der Lautsprecher entschwinden meinem Bewusstsein. Solange man noch unter einem Apfelbaum nach dem Regen atmen kann – so lange lässt es sich auch leben.

Alexander Solschenizyn

FRÜHLING

Mit dem Akazienduft
fliegt der Frühling
in dein Erstaunen

Die Zeit sagt
ich bin tausendgrün
und blühe
in vielen Farben

Lachend ruft die Sonne
ich schenke euch wieder
Wärme und Glanz

Ich bin der Atem der Erde
flüstert die Luft

Der Flieder
duftet
uns jung

Rose Ausländer

WER HAUCHT MIR LEBEN ZU?

Wer trocknet
den Schweiß der Nacht?
Sprengt ihre Enge,
die Angst?

Wer streicht
die Schatten aus der Seele?
Verdrängt die Nacht,
die finstere?

Wer haucht
mir das Leben zu?
Atmet in mir,
ganz innen?

Wer weckt
die schlafende Liebe?
Entfacht das Feuer,
die Glut?

Wer knetet
den neuen Tag?
Formt ihn zum Gefäß,
zur Schale?

Anton Rotzetter

NACHDENKEN

Wer bist du,
dass du den Samen wachsen lässt,
den Adler fliegen lässt
und die Musik fließen lässt wie einen Fluss?
Wer bist du,
dass du mir den Atem des Lebens gabst,
mein Herz Liebe kennen lässt
und meinen Verstand die Wahrheit?
Wer bist du,
dass du mich lächeln lässt,
dass du mich weinen lässt
und mich nachdenken lässt?
Wie ich nachdenke über dich
in diesem Augenblick.

Ramson Lomatewana, Hopi-Dichter

WO SUCHST DU MICH?

O Diener, wo suchst du Mich?
Sieh doch!
Ich stehe neben dir.
Weder in Tempeln noch in Moscheen
wohne Ich.
Weder in der Kaaba, noch auf Kailas:
Weder in Riten noch Zeremonien,
noch in Yoga oder Entsagung.
Wenn du wahrhaftig suchst,
wirst du Mich sofort erblicken:
wirst du Mich treffen im Nu.
Kabir sagt, o Sadhu!
Gott ist der Atem in allem Atem.

Kabir, hinduistischer Dichter (1440–1518)

MEIN ATEM GEHT

Mein Atem geht –
was will er sagen?

Vielleicht:
Schau! Hör! Riech! Schmeck! Greif! Lebe!
Vielleicht:
Gott atmet in dir mehr als du selbst.
Und auch:
In allen Menschen, Tieren, Pflanzen atmet Er
wie in dir.
Und so:
Freude den Sinnen!
Lust den Geschöpfen!
Friede den Seelen!

Kurt Marti

LOBPREIS DIR, ATEM DES LEBENS

Wir preisen den Atem des Lebens,
denn das ganze Universum gehorcht ihm.
Er ist der Herr aller Dinge geworden,
alles hat in ihm seinen Ursprung.

Wir preisen dich, Atem des Lebens,
wir preisen deinen tosenden Wind;
wir preisen dich, Donner, und dich, Blitz;
wir preisen dich, o Atem des Lebens,
wenn du Regen herabgießt.

Wenn donnernd der Atem des Lebens
auf die Pflanzen niederbraust,
empfangen sie Leben;
ein neuer Lebenskeim reift in ihnen.
Zahlreich werden sie geboren.

Als der Atem des Lebens Wasser spendete,
erhoben die Pflanzen ihre Stimme:
„Du hast unser Leben verlängert;
Duft hast du uns gegeben."

Wir preisen dich beim Einatmen.
Wir preisen dich, Lebensatem, beim Ausatmen.
Wir preisen dich, wenn du dich abwendest,
wir preisen dich, wenn du dich uns wieder zukehrst.

Dir gebührt in allem, ja in allem, Lobpreis.

Der Atem des Lebens nimmt die Kreaturen
als sein Gewand.
Er nimmt sie wie ein Vater seinen geliebten Sohn.
Der Atem des Lebens ist der Weltenherr,
der Herr aller, die atmen,
der Herr von allem, was ohne Atem ist.

O Atem des Lebens, wende dich nicht ab von mir:
Ich selbst verschmelze mit dir.
Wie ein Lebenskeim im Wasser:
So umgebe und binde ich dich in mir,
damit ich lebe.

Hymnus aus dem Atharva-Yeda, Indien

BEGRÜSSUNG DER SONNE

In Indien begrüßen die Menschen nach dem Aufstehen den neuen Tag. Dabei berühren sie kniend mit dem Haupt die Erde; erst nach Osten gerichtet, dann nach Süden und Westen und schließlich nach Norden. Auch bei den Indianern sind von Gebärden begleitete Begrüßungsriutale für den neuen Tag, die aufgehende Sonne, bekannt. Wären das nicht auch Anregungen für uns, etwas bewusster den Segen eines neuen Tages zu empfangen?

Gesegnet seist du,
aufblühendes Licht des Ostens.
Dein strahlender Glanz aus dem Land des Morgens
erweckt meinen Leib zu neuer Kraft.
Taufrischer Wind, ozonblauer Strahl,
schenke meiner Seele langen Atem.

Gesegnet seist du,
heißer Wind aus dem Süden.
Entflamme die Herzen, die trägen,
und meine Seele.
Im Schatten der Bäume
werde ich das Loblied singen.

Gesegnet seist du,
Horizont der niedergehenden Sonne.
Alles Leben neigt sich im Bogen;
neigt vor Gott das Gesicht.

Großer, schöner Feuerball,
komm wieder in deiner Herrlichkeit.

Gesegnet seist du,
hoher Norden, großes Licht.
Die Sonne der Mitternacht schenke mir Reife
und meinem Schweigen die Tiefe.
In der Anziehungskraft nächtlichen Friedens
lass meine Seele Ruhe finden.

Josef Griesbeck

BITTGEBET FÜR DIE SCHÖPFUNG

Wir wenden uns nach *Westen.* – Von Westen strömen reinigende Wasser. Wir bitten, dass der Atem Gottes wieder über die Wasser wehe und sie rein mache, damit sie Leben bringen.

Wir bitten, Gott, reinige auch uns und gib uns neues Leben durch das Wasser und den Heiligen Geist.

Wir wenden uns nach *Norden.* – Von Norden kommt der läuternde Wind. O Gott, dich haben die Menschen Atem, Wind und Leben genannt.

Wir bitten. Läutere die Luft, die wir atmen, damit überall auf Erden das Leben gedeihen kann.

Wir wenden uns nach *Osten.* – Von Osten kommt mit der aufgehenden Sonne Erkenntnis und Weisheit.

Wir bitten: Lass uns klug werden, o Gott, im Umgang mit den Gütern der Erde: schaffe Gerechtigkeit, so dass wir geben, was an uns ist, und dankbar unseren Teil empfangen.

Wir wenden uns nach *Süden.* – Von Süden her führt der Weg zu Ursprung und Vollendung des Lebens.

Wir bitten, dass wir auf guten Wegen wandeln, o Gott; dass wir auf dieser Erde wie Geschwister leben; dass wir einander erfreuen, einander im Leiden tragen und so dein Wille geschieht, der das Antlitz der Erde erneuert.

Weltgebetstag der Frauen 1981

PFINGSTLIED

Komme, geheimnisvoller Atem,
leise zärtlicher Wind,
hauche uns an, damit wir leben,
ohne dich sind wir tot!

Komme, in Feuer und in Flammen,
zünd uns an wie ein Licht,
mache uns trunken von der Liebe,
wir sind starr, tau uns auf!

Komme, Erfinder neuer Sprachen,
gieß dich aus über uns,
rede in uns mit neuen Zungen,
komm, begeistere uns!

Komme, du Hoffnung aller Armen,
schaffe den Wehrlosen Recht,
dass die Gebeugten sich erheben,
dass sich Völker befrein!

Komme, du Tröster aller Müden,
Stille mitten im Lärm,
in den Terminen schaff uns Pausen,
lass uns ausruhn in dir!

Komme, du Taube übers Wasser,
bring den Ölzweig herbei,

bring uns das Zeichen für den Frieden,
den die Erde ersehnt!

Komme vom Vater und vom Sohne,
komme du schaffende Kraft,
mache uns neu, und unsre Erde
hat ein neues Gesicht!

Lothar Zenetti, anregt durch Joh 16,13–14

KOMM HEILIGER GEIST

Komm Sturm.
Zerreiße die Wolken der Traurigkeit.
Lass uns die Sonne sehen.

Komm Atem des Lebens.
Hauche uns an,
damit wir unsere Gräber verlassen
und auferstehen aus Trägheit und Angst.

Komm Feuer.
Taue das Eis auf in unseren Herzen.
Öffne uns für dich und füreinander.

Komm Heiliger Geist.
Wärme,
belebe,
bewege uns.

Karl-Heinz Ronecker

ATME IN MIR, DU HEILIGER GEIST

Atme in mir, du Heiliger Geist,
dass ich Heiliges denke.

Treibe mich, du Heiliger Geist,
dass ich Heiliges tue.

Locke mich, du Heiliger Geist,
dass ich Heiliges liebe.

Stärke mich, du Heiliger Geist,
dass ich Heiliges hüte.

Hüte mich, du Heiliger Geist,
dass ich das Heilige nimmer verliere.

Augustinus (354–430) zugeschrieben

RUF IN MIR HEILIGER GEIST

Ruf in mir Heiliger Geist
nach Gott und seiner Gerechtigkeit

Bet in mir Heiliger Geist
um Freude und Zuversicht

Schrei in mir Heiliger Geist
nach Freude und Leben

Wein in mir Heiliger Geist
vor Schmerz und Trauer

Klag in mir Heiliger Geist
über Trennung und Tod

Sing in mir Heiliger Geist
das Lied der Befreiung

Juble in mir Heiliger Geist
im Land der Lebendigen

Anton Rotzetter

GIB MIR

Gib mir
den Blick
auf das Bild
unsrer Zeit

Gib mir
Worte
es nachzubilden

Worte
stark
wie der Atem
der Erde

Rose Ausländer

AUFBRUCHSEGEN

Es sei mit dir der Segen Gottes
wie ein Lächeln der Freundschaft,
so nah wie ein Zunicken,
so spürbar wie ein Kuss.

Es sei mit dir der Segen Gottes
im Atemholen, im Träumen,
im Wachen, im Schmerz,
in der Freude, im Denken, im Tun,
im Verweilen, im Fortgehen.

Es sei mit dir der Segen Gottes
wie eine Hand auf deiner Schulter.

Annemarie Schnitt

Kleine Atemschule

Die Formel der inneren Verwandlung

Weil die Atmung eine so unübersehbare Bedeutung für das spirituelle Leben des Menschen hat, haben vor allem die Meister der Meditation in den verschiedenen Religionen ihre Schüler angeleitet, auf ihren Atem zu achten und sich intensiven Atemschulungen zu unterziehen. Die Disziplinierung des Atems ist im hinduistischen Yoga eine Vorbedingung des meditativen Weges, der Novize muss die unrhythmische Art des Atems aufgeben und eine Rhythmisierung üben. Im Yoga wird eine enge Verbindung zwischen der Atmung und dem Bewusstsein gesehen, der Atem bestimmt den inneren Zustand des Menschen. Sowohl die Ein- wie die Ausatmung wird verlängert, wobei zwischen den beiden Vorgängen ein längeres Intervall eingeschaltet wird. Der Atemrhythmus verlangsamt sich immer mehr. Allerdings soll der Yogi den veränderten Rhythmus so verinnerlichen, dass er sich „von alleine" ereignet, er ihn also nicht mehr zu überwachen braucht.

Diese Veränderung der Atmung findet sich – mit gewissen Abänderungen – im taoistischen China, im Hesychasmus ostkirchlicher Mönche und in der islamischen Mystik der Sufis. „Der Geist sammelt sich durch diese Methode leichter und wendet sich zum Herzen zurück ..., weil durch dieses augenblickliche Zurückhalten der Atmung das harte, dicke Herz dünner wird und die Herzflüssigkeit, gehörig zusammengedrückt und erhitzt, nun zart, empfindlich, demütig", so berichtet ein Athosmönch des 18. Jahrhunderts. Trotzdem ist zu fragen, ob solche Methoden hinduistischer oder ostkirchlicher Mönche von westeuropäischen „Weltmenschen" unbesehen übernommen werden können. Erst wenn man erkannt hat, dass es sich nicht einfach um irgendwelche Übungen handelt, die zu einem besseren Lebensgefühl verhelfen sollen, sondern um eine andere Weise, im Leben zu stehen und dem Dasein zu vertrauen, kann die Bemühung um eine gewandelte Atmung sinnvoll werden. Der normale Europäer von heute ist so stark ich-orientiert und bestimmt von seinem Willen, dass er Schwierigkeiten mit dem Loslassen und Geschehenlassen hat. Deshalb fällt es ihm schwer, den Atem ausströmen zu lassen. Wenn der Atem dem Rhythmus des Lebens entspricht, dann ist unsere Aufgabe nicht ein kontrolliertes Wollen, sondern das Einschwingen in die große Bewegung. Wir haben „vom Ich her nur das Halten und Ver-Halten gelernt, nicht aber das Lassen und Sich-Verlassen", sagt *Graf Dürkheim.*

Wenn die Atmung ein polares Geschehen ist, dann haben wir auf die beiden Pole dieser Rhythmik zu achten: das „Oben" der wachen Bewusstheit und das „Unten" des Sich-Hergebens, die Kraft des Haltens und das Sich-fallen-Lassen der Hingabe. Aus dem Gleichgewicht kommen wir, wenn einer der Pole zu wenig Gewicht bekommt und dadurch der andere überbewertet wird. Im Grunde muss jeder einzelne sich fragen, inwiefern die Balance in seinem Leben (und in seinem Atem) gestört ist.

Goethe jedenfalls konnte die beiden Vorgänge als gleichgewichtete Gnaden erleben und versuchte, beiden mit gleicher Dankbarkeit zu begegnen:

„Im Atemholen sind zweierlei Gnaden:
Die Luft einziehn, sich ihrer entladen;

Jenes bedrängt, dieses erfrischt;
So wunderbar ist das Leben gemischt.
Du, danke Gott, wenn er dich presst,
und danke ihm, wenn er dich wieder entlässt."

Otto Betz

Die *Kleine Atemschule* schließt mit der „Formel der inneren Verwandlung" (Wilhelm Schäffer), einer Atemübung, welche die vorangehenden Etappen des Übungsweges zusammenfasst und vertieft.

Ziehen Sie sich an einen Ort zurück, wo Sie für mindestens 15 Minuten ungestört sind und dessen Atmosphäre Sie äußerlich und innerlich zur Ruhe kommen lässt (Ihr eigenes Zimmer, eine Kirche, Ihr Lieblingsplatz im Freien ...).

Setzen Sie sich aufrecht und gelöst hin. Nehmen Sie mit den Fußsohlen Kontakt zum Boden auf. Lassen Sie Ihr Gewicht auf den beiden Sitzbeinhöckern ruhen. Nehmen Sie aufmerksam wahr, wie Sich Ihr Atem anfühlt und wie er in Ihnen wirkt. (Atemschule, S. 9–14)

Geben Sie mit dem Ausatmen ab, was Sie bedrängt und einengt: ruhelose Gedanken, unangenehme Gefühle, schmerzhafte Empfindungen. Vertrauen Sie sich ganz der Erde an, die Sie trägt. Spüren Sie, wie die Atembewegung nach und nach sich in Ihren Bauch-Beckenraum hinein ausweitet. In dem Maße wie Sie sich „nach unten“ ausrichten, werden Sie „nach oben“ frei und aufgerichtet werden. Entspannen Sie Ihre Beckenbodenmuskulatur; lassen Sie die Schultern fallen; lösen Sie ihre Zunge vom Gaumen. Schöpfen Sie in vollen Zügen das Leben in und aus der Tiefe, das sich Ihnen im Atem schenkt. (Atemschule S. 33–38)

Verbinden Sie nun, ähnlich wie beim Herzensgebet (Atemschule S. 71–78), jede Phase des Atems gedanklich mit einem deutenden Wort. Ordnen Sie dem Ausatmen zwei Worte zu, der Atempause und dem Einatmen jeweils eines. Auf diese Weise verlängert sich die Ausatmungsphase – was dem natürlichen Atem entspricht – gleichsam ohne Ihr Zutun. Lassen Sie das Wort die Verlängerung bewirken:

ausatmen	–	„loslassen“
ausatmen	–	„niederlassen“
Atempause	–	„einswerden“
einatmen	–	„neu werden“.

Die deutenden Worte beinhalten in verdichteter Form genau das, was beim Atmen in Wahrheit geschieht: stetige Wandlung und Erneuerung. Es geht nicht darum, über diese „Formel der inneren Verwandlung" nachzudenken, sondern sie körperlich, emotional und bewusst nachzuvollziehen. Atem und Wort wollen den ganzen Menschen wie auf einer Spirale immer tiefer zu dem führen, was sie im Grunde bedeuten.

Lösen Sie sich mit jedem *Ausatmen* von allem Vergangenen und Gewohnten. Dazu braucht es Mut und Entschlossenheit. Denn nur das kann ich *loslassen,* was ich zuvor zugelassen und angenommen habe: Stärken wie Schwächen, Erwartungen wie Enttäuschungen, Fehler und Erfolge, Hoffnungen und Ängste, Sorgen und Geglücktes, Begabungen und Verletzungen .... Binden Sie es an Atem und Wort, um sich befreit im Hier und Jetzt *niederlassen* zu können.

Ganz gegenwärtig sammeln Sie sich in der Ruhe der *Atempause.* Ganz leer *werden* Sie *eins* mit dem, was Ihr Wesen zutiefst ausmacht und trägt. Ganz offen werden Sie einen Moment lang dem Getriebe des Kommens und Gehens, des „Stirb und Werde" entrückt. Für einen Augenblick öffnet sich das Fenster zur Ewigkeit. Wundern Sie sich nicht, wenn dabei anscheinend nichts passiert. ICH BIN DA – das genügt.

Lassen Sie sich aus dieser Mitte neue Kraft schenken im *Einatmen* – Atemkraft, die Ihr ganzes Dasein belebt und *erneuert* – Liebeskraft, die den Mitmenschen sucht und die Welt gestalten will – Lebenskraft, die die Seele aufatmen lässt.

Andreas Pfeffer

UNGEBET

Du da du alles schon weißt,
mag ich nicht beten –
tief atme ich ein
lang atme ich aus
und siehe:
du lächelst

Kurt Marti

NACHWEISE

VaE bedeutet im Folgenden: Verlag am Eschbach, Eschbach/Markgräflerland.

Al-Halladsch: S. 31, aus: Annemarie Schimmel (Hg.), Denn dein ist das Reich, © Verlag Herder, Freiburg i.Br. 1978. – **Rose Ausländer:** S. 40, aus: dies., Wieder ein Tag aus Glut und Wind. Gedichte 1980–1982, © S. Fischer Verlag GmbH, Frankfurt/M. 1986. – S. 82, aus: dies., Und preise die kühlende Liebe der Luft. Gedichte 1983–1987, © S. Fischer Verlag GmbH, Frankfurt/M. 1988. – S. 85, aus: dies., Einverständnis, © Pfaffenweiler Presse, Pfaffenweiler 1980. – S. 100, aus: dies., Ich höre das Herz des Oleanders. Gedichte 1977–1979, © S. Fischer Verlag GmbH, Frankfurt/M. 1984. – **Gottfried Bachl:** S. 63, aus: ders., Mailuft und Eisgang. Hundert Gebete, © Verlagsanstalt Tyrolia GmbH, Innsbruck – Wien 1998. – **Grit und Matthias Ball:** S. 5, aus: Dieter Barth/Michael Schindler (Hg.), Abenteuer Pilgern, © Verlag Katholisches Bibelwerk GmbH, Stuttgart 2004. – **Otto Betz:** S. 9f., 33–35, 71–73, 102–105., aus: ders., Der Leib und seine Sprache (ToposPlus 504), © Matthias Grünewald Verlag GmbH, Mainz 2003. – **Martin Buber:** S. 56, aus: ders., Das Buch der Preisungen. Die Psalmen, © Gütersloher Verlagshaus GmbH, Gütersloh. – **Helder Camara:** S. 24, aus: ders., Mach aus mir einen Regenbogen. Mitternächtliche Meditationen, © pendo verlag, Zürich 1981. – **Ernesto Cardenal:** S. 57f., aus: ders., Psalmen, © Peter Hammer Verlag (Jugenddienst-Verlag), Wuppertal 1968. – **Wolfgang Dietrich:** S. 39, © VaE. – **Bruno Dörig:** S. 18, © VaE. – **Max Feigenwinter:** S. 20f., S. 43, © VaE. – **Erich Fried:** S. 23, aus: ders., Beunruhigungen, © Verlag Klaus Wagenbach GmbH, Berlin 1984, NA 1997. – **Manfred Frigger:** S. 25, aus: ders., Zeit für mich – Zeit für Gott,

© Verlag Herder, Freiburg i.Br., 7. Auflage 1995. – **Mahatma Gandhi:** S. 75f., 78, 79, 80, Quelle unbekannt. – **Helmut Glatz:** 4. Umschlagseite, aus: Hans-Joachim Gelberg (Hrsg.), Überall und neben dir, © 1986 Beltz & Gelberg in der Verlagsgruppe Beltz, Weinheim & Basel. – **Josef Griesbeck:** S. 92f., aus: ders., Viel Glück und viel Segen, © Kösel Verlag GmbH & Co, München 1992. – **Anselm Grün:** S. 75, 76f., 78f., 79f., aus: ders., Gebet als Begegnung, © Vier Türme GmbH Verlag, Münsterschwarzach Abtei, 10. Auflage 2005. – **Romano Guardini:** S. 26f., aus: ders., Deutscher Psalter, 7. Auflage 1998, in: Psalter und Gebete, Verlagsgemeinschaft Matthias Grünewald, Mainz / Ferdinand Schöningh, Paderborn, S. 124. Alle Autorenrechte liegen bei der Katholischen Akademie in Bayern. – **Hubertus Halbfas:** S. 61–63, aus: ders., Der Sprung in den Brunnen, © Patmos Verlag GmbH & Co. KG, Düsseldorf 1996. – **Abraham J. Heschel:** S. 41f., bearbeitet von Martin Schmeisser nach ders., Der Sabbat. Seine Bedeutung für den heutigen Menschen, Neukirchen-Vluyn 1990. – **Klaus Huber:** S. 44, 51f., © beim Autor. – **Iona-Kommunität in Schottland:** S. 29, aus: Das kleine Gottesdienstbuch, © Beratungsstelle für Gestaltung von Gottesdiensten und anderen Gemeindeveranstaltungen, Frankfurt/M. – **Indianisch** (Morgenlied der Kurabus): S. 83, aus: Rudolf Kaiser, Indianischer Sonnengesang (HERDER Spektrum 4143), © Verlag Herder, Freiburg i.Br., 4. Auflage 1997. – **Kabir:** S. 88, aus: Martin Kämpchen (Hg.), Krishnas Flöte (Hinduismus), © Verlag Herder, Freiburg i.Br. 2002. – **Isolde Lachmann:** S. 21, © bei der Autorin. – **Ute Latendorf:** S. 2, © bei der Autorin, aus: dies., So ist mein Leben, Thomas Verlag , Leipzig 2004. – **Ramson Lomatewana:** S. 87, aus: Peter Baumann, Der Wind ist unser Atem. Indianische Welterfahrung in poetischen Texten und Bildern, © Hoffmann & Campe Verlag GmbH, Hamburg 1989. – **Kurt Marti:** S. 89, 109, © beim Autor. – **Inge Müller:** S. 30,